야생동물 구조 일기

글·그림 **최협**
충청북도 청주에서 태어났고 대학에서 조소를 공부했다.
어릴 때부터 동물에 관심이 많았고, 동물 그리기를 좋아했다.
강원도 철원에 있는 야생동물치료소에서 야생동물들의 이야기를
글과 그림으로 고스란히 기록했다.
야생동물들을 관찰하고 그들의 숨결을 담아낼 책을 구상하면서
삼각산 자락에서 아내와 딸 루미와 함께 살고 있다.

지도·감수 **김수호**
강원도 철원에서 태어났고 대학에서 경영학을 공부했다.
어릴 때부터 산과 들을 돌아다니며 아프거나 어린 야생동물들을 돌보았다.
수의사 없는 야생동물치료소에서 홀로 동분서주하며
어미 잃고 다친 야생동물들과 20여 년째 동고동락하며 살고 있다.
현재, 철원군 천연기념동물치료소에서 재활관리사로 근무하고 있다.

김영준
전라남도 광주에서 태어났고 대학에서 수의학을 전공하고 박사 과정을 수료했다.
야생동물이 위험에 처해 있는 곳이라면 어디든지 달려가는 야생동물 전문 수의사다.
강원도 철원에서 생명이 위급한 야생동물들의 치료를 도왔다.
충남야생동물구조센터를 거쳐 지금은 국립생태원 동물병원 부장으로 근무하고 있다.

야생동물 구조 일기

최협 글·그림 | 김수호 김영준 지도·감수

길벗어린이

분유와 젖병 크기는 동물마다 다르다.
어미의 젖 성분과 최대한 비슷한 분유를 찾는 게 포인트!

새끼 동물이 사람을 어미로 여기지 않게
가면이나 천으로 얼굴을 가리고 먹이를 준다.

5월 1일

아침부터 눈코 뜰 새 없이 바쁘다.
새끼 동물들이 배가 고프다고 빽빽 울어 댄다.
수호 샘은 일어나자마자 동물들이
밤새 별일은 없었는지 이곳저곳을 둘러본다.
나는 새끼 동물들에게 줄 아침을 준비하느라 정신이 없다.
꼭 엄마가 된 것 같다.

등산객이 새끼 멧돼지를 데려왔다.
새끼는 함부로 데려오지
않는 게 좋다.
인기척을 느낀 어미가 잠시
피해 있는 경우가 많기 때문이다.

새끼 고라니를 잡은
밀렵꾼이 경찰에 잡혔다.
새끼들은 무사히 구조됐지만
졸지에 어미를 잃고 말았다.

올무에 걸려 죽은
어미의 젖을 빨던
새끼 족제비가
구조됐다.

공사장 굴착기에
다람쥐 굴이 망가졌다.
새끼 다람쥐만 홀로
구조됐다.

개 밥그릇에 들어갔다가
개한테 물린 고슴도치를
구조해 왔다.

그때 구조 신고가 들어왔다!

금학산 인근 도로에 삵이 쓰러져 있다고요?
네, 바로 출동하겠습니다!

현장에 도착하니,
삵이 피를 흘린 채 길가에 쓰러져 있었다.
이미 숨을 거둔 뒤였다.

음, 암컷이군. 젖이 나오는 걸로 봐선
틀림없이 주변에 새끼들이 있을 거야.
먹잇감을 찾으러 가던 길에
차에 치인 모양이야.
좁은 길에서 차가 너무 속도를 냈어.
시속 50킬로미터로만 달렸어도
삵이 피했을 텐데······.

길 건너 폐가에서 새끼 울음소리가 들려왔다.
살며시 방문을 열어 보니,

"선생님! 여기예요, 여기!"

미이우~! 미이우~!

아직 눈도 못 뜬 새끼 삵 세 마리가 바들바들 떨고 있었다.
태어난 지 일주일도 채 안 된 것 같았다.
새벽이슬을 맞았는지 온몸이 축축했다.
녀석들을 이동장에 실은 뒤
서둘러 치료소로 향했다.

보온재가 포근한지 자꾸 파고든다.
"안녕, 삵들아."

9

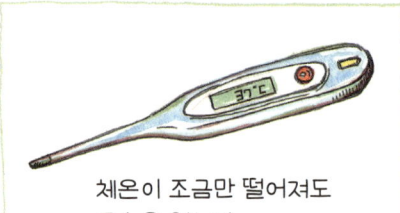

체온이 조금만 떨어져도
목숨을 잃는다.

삵 형제들을 치료실에 데려왔다.
먼저, 온열 등으로 젖은 몸을 말려서
체온을 정상으로 올려야 한다.
하늘에서 보고 있을 엄마를 생각해서 부디 잘 크자!

한 녀석이 유난히 체중도
적게 나가고 몸집도 작다.

입이 작아서 젖병 꼭지가 간신히 들어간다.
내가 먼저 젖병 꼭지를 빨아 보고
분유가 잘 나오는지 확인했다.

이 녀석은 빠는 힘이 약해서
좀처럼 눈금이 줄지가 않는다.
이럴 땐 젖병 대신 주사기로 먹인다.

본래 새끼 삵은 어미가 혀로 등을
핥아서 소화를 시킨다.
방귀도 뀌고 트림도 해야
속에 가스가 안 차기 때문이다.
어미 대신 내가 등도 쓸어 주고
항문 마사지도 해 줬다.
다행히 소화도 잘 시키고 똥도 잘 눈다.

분유를 먹고 눈 똥

어미 젖을 먹고 눈 똥

삵 삼 형제는 1~2주 정도 신생아 중환자실
(인큐베이터)에서 지내기로 했다.

삵은 얼핏 보면 고양이랑 비슷하지만 차이점이 많다.

삵 vs 고양이

 몸집은 삵이 조금 더 큰 편이다.

 삵은 귀가 둥그스름하고, 고양이는 귀가 뾰족하다.

 삵 꼬리는 몽둥이처럼 굵직하고, 고양이 꼬리는 가늘고 길다.

 삵은 젖꼭지가 4개이고, 고양이는 6~8개이다.

 삵은 헤엄을 잘 치고, 고양이는 헤엄을 잘 못 친다.

 삵은 귀 뒤에 흰 반점이 있는 반면, 고양이는 없다.

5월 15일

오늘은 며칠 전에 들어온 쇠족제비 입원실을 짓기로 했다.
이 녀석은 산 아래 사는 끝순네 할머니 집에 들어갔다가
할머니가 쥐인 줄 알고 빗자루로 내려치는 바람에
머리를 맞아 기절을 했다.
움직이지 않도록 새장에 두었더니
이제 살 만한지 가만있질 않는다.
조금만 기다려. 근사한 입원실을 만들어 줄 테니!

쇠족제비는 몸집이 쥐만큼 작은데도
자기 덩치만 한 쥐를 잘도 잡아먹는다.
먹는 양도 엄청난데 일년에 5000마리까지
먹는다고 한다.

쇠족제비 임시 보금자리 짓기!

준비물

동물들이 지낼 입원실을 만들 때는 최대한 자연에 있는 재료를 활용해 저마다의 습성에 맞추어 지어야 한다.

나무 막대기 · 파이프 · 모래 · 돌 · 널빤지 · 풀

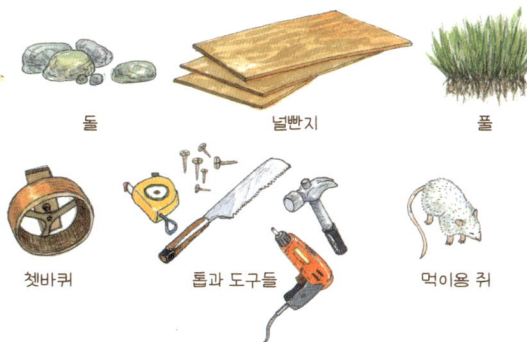

경첩 · 철망 · 물그릇 · 나무줄기 · 쳇바퀴 · 톱과 도구들 · 먹이용 쥐

만드는 순서

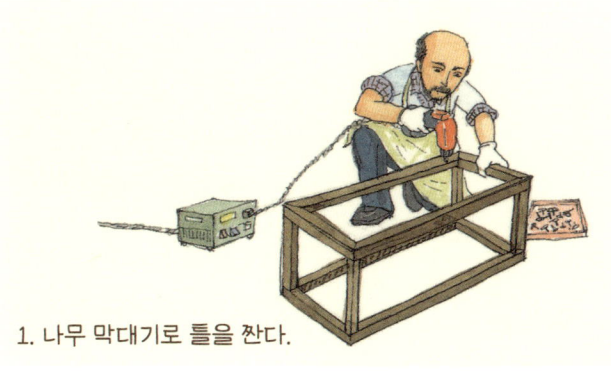

1. 나무 막대기로 틀을 짠다.

2. 쇠족제비 놀이터가 될 나무줄기를 알맞은 길이로 자른다.

3. 은신처를 대신할 파이프를 깔고 그 위에 모래를 덮는다.

4. 먹이를 숨기는 특성에 맞게 군데군데 풀도 심고, 마른풀도 깔아 준다.

5. 단련할 쳇바퀴와 똥 눌 돌들을 놓으면 쇠족제비 보금자리 완성!

녀석, 새집이 맘에 드는 모양이네! 휴, 다행이다,

오줌 찍!

으악! 사람 살려!

쇠족제비 녀석의 지독한 방귀 공격!

입원실은 야생동물이 사는 특성에 맞게 만들어야 한다.

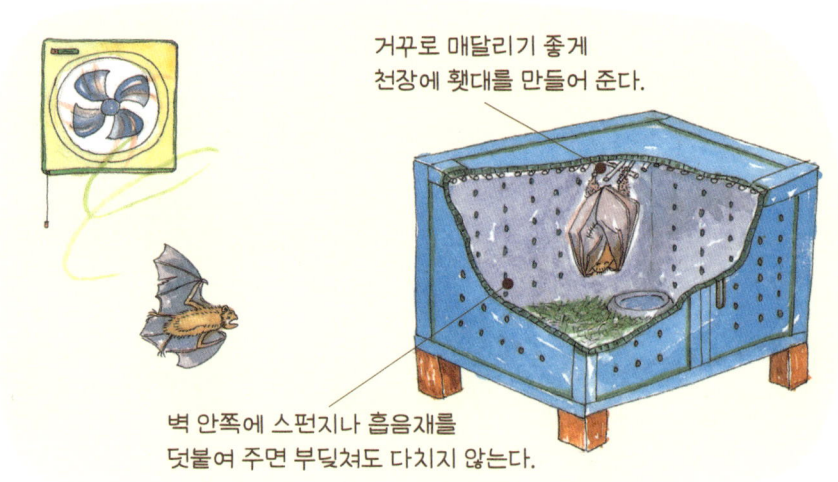

관박쥐가 식당 환풍기 틈으로 들어오다가 날개가 찢기는 사고를 당했다.

거꾸로 매달리기 좋게 천장에 횃대를 만들어 준다.

벽 안쪽에 스펀지나 흡음재를 덧붙여 주면 부딪쳐도 다치지 않는다.

새들이 전깃줄과 충돌해서 골절된 경우가 많은데 이 두루미는 밤새 얼어붙은 개울에서 다리를 빼내려다가 다리가 부러졌다.

날개를 폈을 때 닿지 않게 공간을 넉넉하게 잡아 틀을 짠다.

슬링(sling)

뼈가 붙을 때까지 임시 의자에서 지내야 한다. 배에 욕창이 나지 않게 배 마사지를 자주 해 준다.

초겨울 쥐덫에서 구조된 살모사는 치료를 마친 뒤 곧바로 겨울잠에 들어갔다.

살모사는 봄이 될 때까지 냉장고에서 겨울잠을 잔다.

6월 20일

"산 23번지로 출동!"

구조 신고가 들어왔다. 현장에 가 보니,
노루가 밀렵꾼이 놓은 덫에 걸려 힘없이 쓰러져 있었다.
심하게 발버둥을 쳤는지 상처가 꽤 깊었다.

덫이 어떻게 동물들을 괴롭힐까?

덫은 동물뿐만 아니라 사람한테도 아주 위험하다.
밀렵꾼들은 야생동물이 자주 지나다니는 길목에 덫을 둔다.

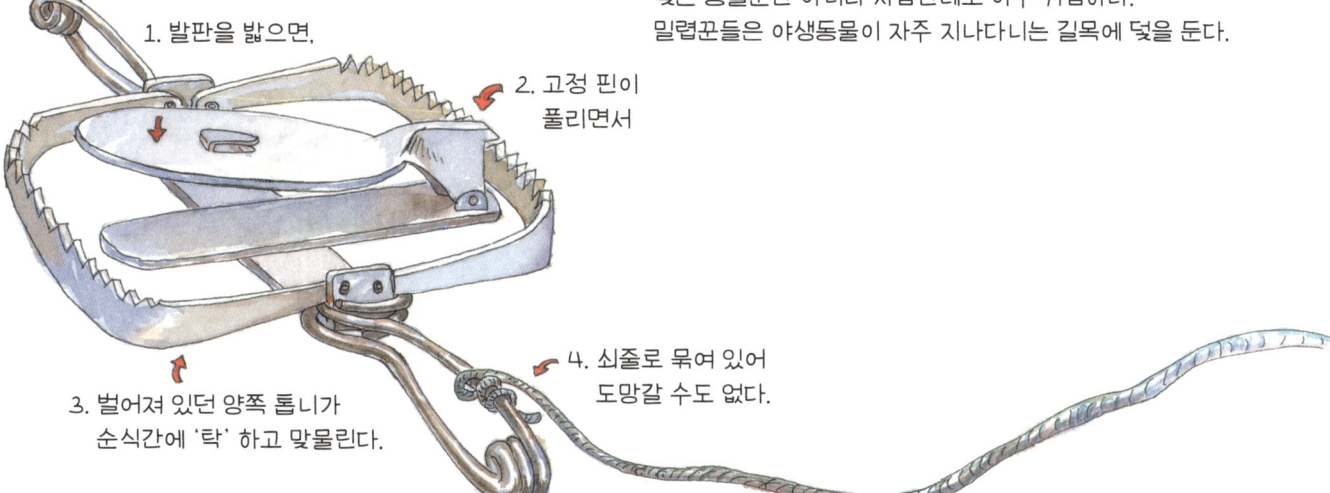

1. 발판을 밟으면,
2. 고정 핀이 풀리면서
3. 벌어져 있던 양쪽 톱니가 순식간에 '탁' 하고 맞물린다.
4. 쇠줄로 묶여 있어 도망갈 수도 없다.

서둘러 노루를 치료소로 옮겨 수술 준비에 들어갔다.

눈가리개로 안정시킨 다음,

절단기로 쇠줄을 잘라 냈다.

영준 샘! 얼른 와 주세요!
급히 구조 차량으로 이송했다.

상처 입은 지 사흘쯤 된 것 같다. 오른쪽 앞다리 일부가 잘렸고, 2차 감염도 심하다.

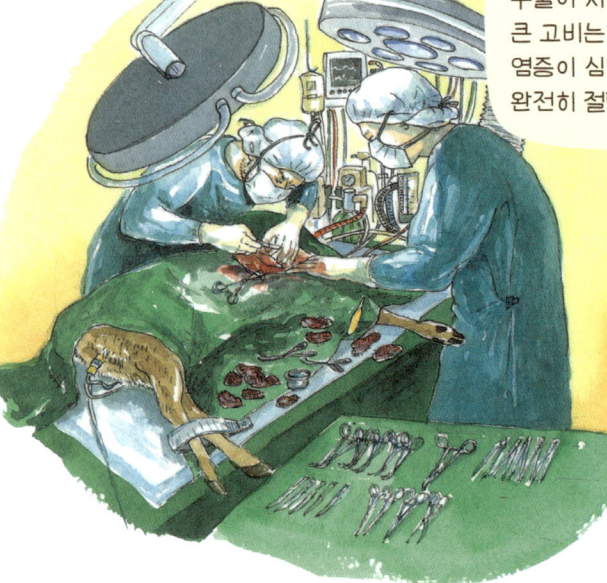
수의사가 도착하자마자 수술이 시작됐다. 큰 고비는 넘겼지만 염증이 심해 오른쪽 앞다리를 완전히 절단해야 했다.

심장 박동 수, 체온 모두 급격하게 떨어지고 있어요!

예상보다 출혈도 심하고 수술 시간도 길었지만, 다행히 수술 부위가 잘 봉합됐다.

마취에서 깬 노루는 회복실에서 안정을 취했다.

다리 하나를 잃은 노루는 일 년 뒤 재활 훈련을 받고 극적으로 방생됐다.

이번 여름에는 웃지 못할 소동도 참 많았다.

6월 25일
수리부엉이가 돼지 축사 근처에서 쥐를 잡다가 똥통에 빠져 똥 범벅이 됐다.
똥독이 오르기 전에 깃털을 하나하나 들춰서 깨끗이 씻겨 줬다.

7월 3일
긴점박이올빼미가 쥐를 잡아먹으려다 끈끈이에 붙어 버리고 말았다.
접착제가 떨어지지 않아 하는 수 없이 깃털을 모조리 잘라 냈다.

뱀 구조할 땐 기다란 집게가 필수지!

7월 18일
공사장에서 삽에 찍힌 구렁이가 구조됐다. 상처 부위에 연고를 계속 발라 주었는데, 다행히 잘 아물었다. 이 녀석, 햇볕 잘 드는 돌담에서 해바라기하는 걸 좋아한다. 결국 돌담에 방생했다.

이장님네 복돌이

8월 20일
너구리가 민가에 내려와 개밥을 훔쳐 먹다가 개한테 엉덩이를 물렸다. 도망치다가 논두렁에 쓰러져 있는 녀석을 데려와 상처에 꾄 구더기를 한 마리 한 마리 잡아낸 뒤 꿰맸다.

복돌 씨! 거참, 좀 나눠 먹지. 같은 개과 동물끼리 너무하네.

9월 16일

오늘은 삵 형제가 입원실에서 탈출한 통에 혼이 났다.
이제 움직임도 날쌔고 나무도 잘 탄다.
그동안 한 녀석이 세상을 떠났다.
남은 두 녀석이 별 탈 없이 잘 커 줘서 고맙다.

5월 7일
구조한 지 일주일째.
하루 종일 젖병을 붙들고 있다.
이젠 혼자서 발로 잡고 먹기도 한다.

5월 19일
가장 작은 녀석이 어제부터 자꾸 먹은 걸 토한다.
움직임도 부쩍 줄고 힘없이 엎드려만 있다.
조금만 힘내! 응?

5월 30일
결국 작은 녀석이 시름시름 앓다가
하늘 나라로 떠나고 말았다.
'엄마 곁에서 잘 지내렴. 이젠 아프지 마…….'

6월 13일
분유를 서서히 줄여 가고 있다.
대신, 메추리, 닭고기를 잘게 다져
이유식을 만들어 주는데 아주 잘 먹는다.

선생님,
오늘 로드킬 당한
고라니가 들어왔네요.

먹이는 처음부터
자연에서 먹는 그대로
주는 게 가장 좋다.
가끔 로드킬 당한
동물의 고기를 먹이로
주기도 한다.

오른손으로 굴리고,
왼손으로 굴리면
수호천사표 고기완자 완성!

고기
+
영양제
+
동물 전용
분유

7월 2일
오늘부터 삵 형제와 너구리 남매가 함께 지내기로 했다.
새끼 때는 다른 동물들과 한곳에서 지내는 것이
야생성을 기르는 데 좋다.
처음에는 서로 경계하더니 이젠 한 식구처럼 무리 지어 잘 논다.

8월 22일
두 녀석 모두 몸집도 커지고, 힘도 세졌다.
집이든 천막이든 가리지 않고
갈기갈기 물어뜯어 놔서 골치가 아프다.
가끔 둘이서 힘겨루기도 격렬하게 한다.

아니, 또……!
이게 대체 몇 번째야?
집이 남아나질 않네!

그래, 좋아!
더 사납게 달려들어.
야생에서 살아남으려면
이 정도는 해야지!

9월 10일
이젠 사람을 심하게 경계하고
뾰족한 이빨을 드러내며 위협까지 한다.
야생 적응 훈련이 잘됐다는 증거다. 기특하다.
그런데 왜 이렇게 섭섭한 기분이 들지?

9월 12일
날마다 입원실 복도에서 맹훈련 중이다.
새끼 때 모습은 온데간데없고
날렵한 어른 삵이 다 됐다. 이제야
떠나보낼 때가 왔다는 게 실감이 난다.
다음 주에는 야외로 나가
본격적인 '행동 풍부화 훈련'에 돌입해야겠다.

9월 25일

가을밤이 깊어 간다. 밤은 야생동물들의 시간이다.
야생동물치료소에도 쉽사리 불이 꺼지지 않는다.
밤은 나에게 기록하는 시간이다.
오늘 어떤 녀석을 구조했고, 어떻게 치료했는지
또 야생 적응 훈련은 어떻게 이뤄졌는지 자세하게 기록한다.

현재 시각 11시 30분.
다람쥐랑 삵 형제 모두 문제 없고…… 이런!
수리부엉이가 노려봐서 물새들이 잔뜩 겁에 질렸어요.
내일 입원실을 옮겨 줘야겠어요.
라면이라도 끓여 올까요?
선생님? 선생님?

야행성 동물들이 밤에 어떻게 지내는지 모니터로 상태를 확인한다.
가끔 입원실 안에 곤충 떼나 쥐가 들어와서
야생동물들이 놀랄 때가 있다.
낮에는 기운 없이 비실대던 너구리도
밤만 되면 온갖 걸 물어뜯고 활개를 친다.

올해 가장 큰 경사는 날개 다친 독수리 부부가 새끼를 부화시킨 일이다.

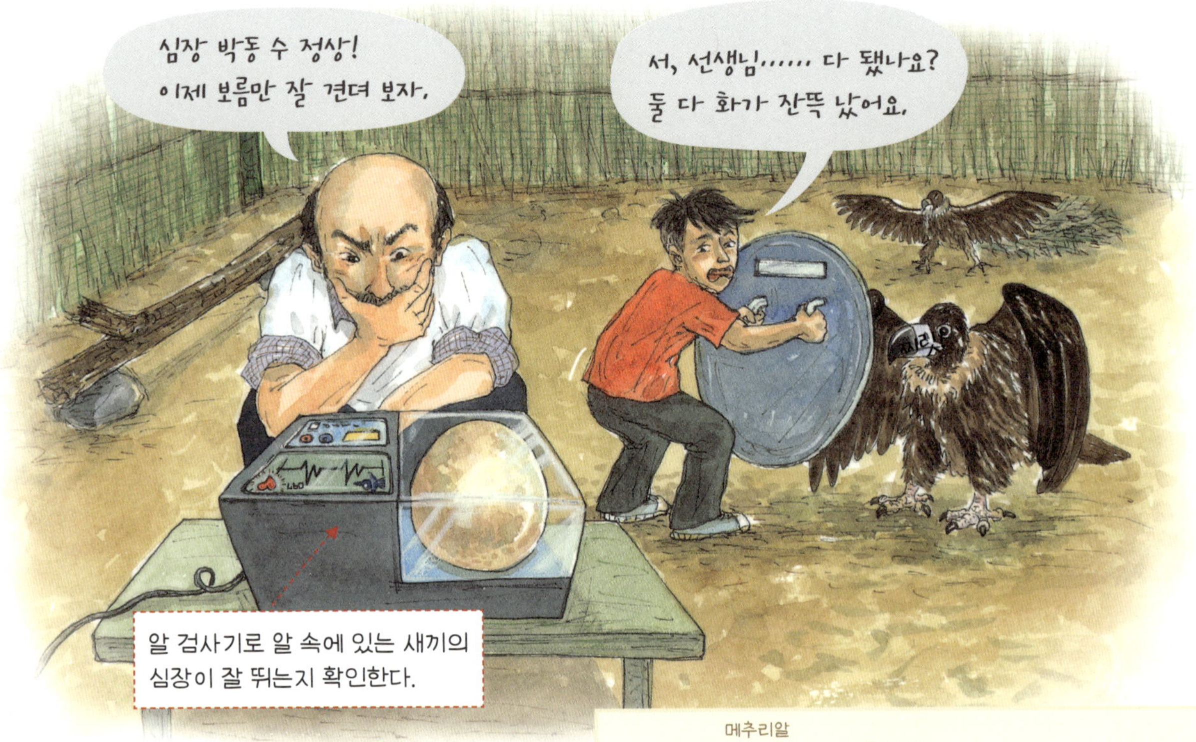
심장 박동 수 정상!
이제 보름만 잘 견뎌 보자.
서, 선생님…… 다 됐나요?
둘 다 화가 잔뜩 났어요.
알 검사기로 알 속에 있는 새끼의
심장이 잘 뛰는지 확인한다.

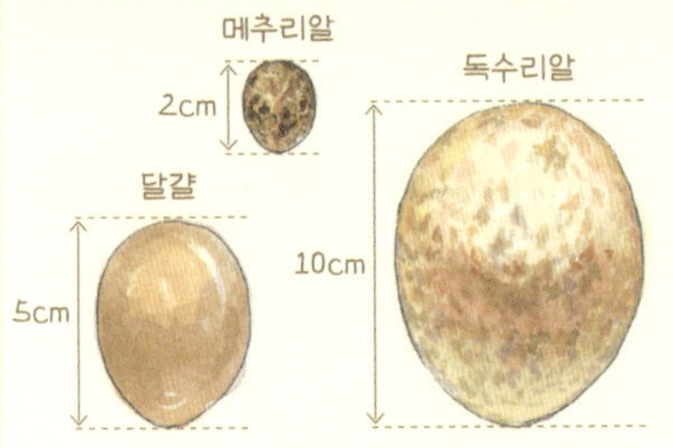
메추리알
2cm
독수리알
달걀
10cm
5cm

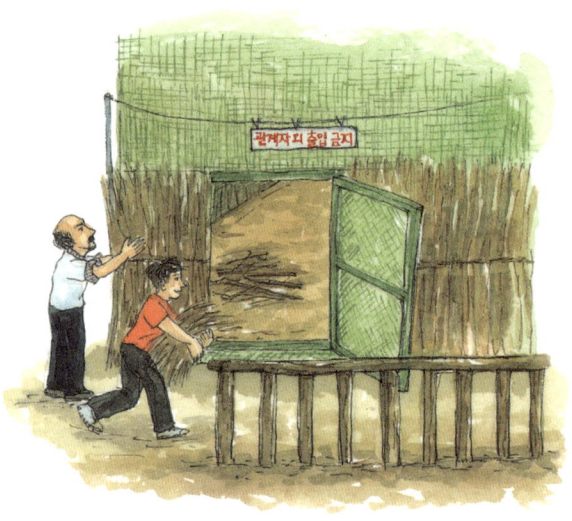

독수리 알은 크기가
달걀의 2배쯤 된다.
독수리는 보통 한 번에
알을 하나씩 낳고,
50~60일 동안
품는다.

독수리 부부 사연을 잠깐 얘기하자면……

수컷 독수리
암컷 독수리

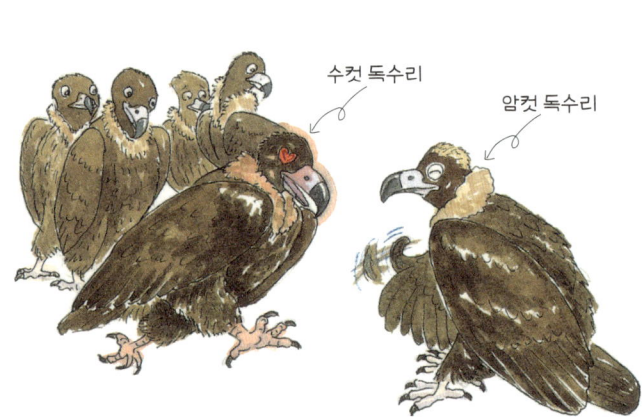

날개를 다친 독수리 무리 가운데
유난히 다정한 두 녀석이 있었다.

관계자 외 출입 금지

나뭇가지를 엮어 둘만이 지낼 신혼집을 마련해 주었다.
3월, 암컷 독수리가 알을 낳았다.

알을 품는 동안은 독수리 부부가 예민해서
먹이 줄 때 빼곤 들락거리지 않는 게 좋다.
대신 카메라를 설치해 모니터로 계속 관찰한다.
간혹 카메라 렌즈를 부리로 콕콕 쪼아서 망가뜨리기도 한다.

독수리 알을 밟지 않게 각별히 조심해야 한다.
둥지가 바닥에 있는 데다가 부화하기 전에 알이 스스로 구를 수 있기 때문이다.

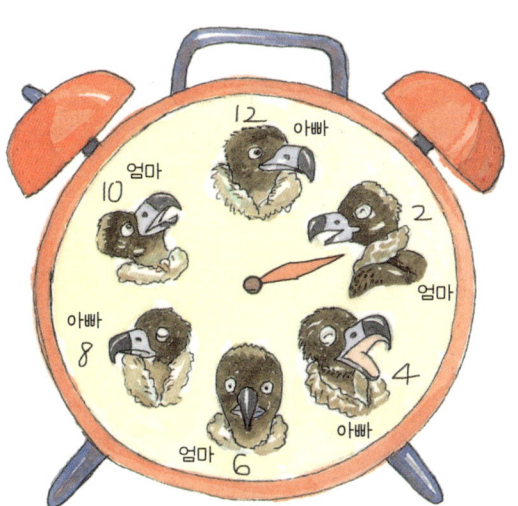

독수리 부부가 사이좋게 두 시간 간격으로
돌아가면서 알을 품는다.

금실 좋은 부부답게 먹이도 사이좋게 나누어 먹는다.
짝이 먹을 양을 일부러 남겨 놓았다.

5월, 드디어 알을 깨고 새끼 독수리가 부화했다!

독수리는 가장 큰 맹금류로
몽골과 우리나라를 오가는 겨울 철새다.
겨울에 우리나라를 찾는데,
여기에선 알을 낳지 않는다.

엄마, 아빠 몫까지 훨훨 멀리 날아가렴.

새끼 독수리는 제법 자라 어느새 비행 연습을 할 때가 됐다.
엄마, 아빠 독수리 대신 우리가 나는 법을 가르쳐 줄게!

9월 26일

오늘은 '서포터스의 날'이다.
일 년에 두 번 수의사, 사육사, 소모임 회원, 학생 들이
함께 모여 부족한 일손을 돕는 날이다. 청소부터 시설 보수와 밀린 검진까지…….
이날만큼은 무엇이든 뚝딱 만들고 후딱 해치운다.

봉사자들이 한데 모여
어떤 일을 할지 이야기한다.

훈련장이나 입원실 도면을 그린 뒤,
세부 계획을 세우고 각자 할 일을 정한다.

봉사자들은 힘을 합쳐 맡은 일을 거뜬히 해냈다.

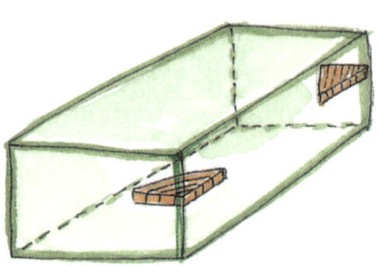

미션 하나!
왕따 독수리 전용 횃대 만들기

착지하다가 바위에 다리가 끼어
한쪽 다리를 잃은 독수리가 무리에서
따돌림을 당했다.
이 녀석만 쉴 수 있는 횃대를 만들어 주기로 했다.

횃대를 높게 달면, 따돌림 당하는 독수리가
날지 못하는 무리를 피해 쉴 수 있다.
조만간 인공 다리도 만들어 줘야지!

어때, 좋지? 이제 여기서 편히 지내.

미션 둘!
덫과 올무 제거하기

야생동물들이 다니는 길을 찾아서 밀렵꾼들이 놓은 덫과 올무를 제거했다.

덫에 걸리지 않도록 주의하고 덫과 올무를 발견하면 곧바로 해체해서 수거한다.

한나절 수거한 덫과 올무가 이렇게나 많이 쌓였다. 휴…….

오호, 왔다. 미션 성공!

미션 셋!
삵 행동 풍부화 구조물 만들기

삵을 위한 구조물을 제작하기로 했다.
훈련장에 장애물들이 다양할수록
자연 방생에 성공할 확률이 크다.
새로 지은 구조물이 신기한지
삵이 구조물 위를 왔다 갔다 한다.

10월 23일

삵들을 늦가을에 내보내기로 했다.
방생 전부터 위치 추적기를 달아서 적응시킨다.
위치 추적기는 녀석들한테는 번거로운 장치이지만
방생이 제대로 됐는지 확인하고,
야생동물의 생태를 연구하는 데 큰 도움이 된다.

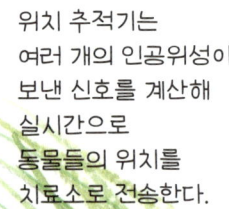

위치 추적기는 자동 이탈 기간을 동물마다 다르게 설정할 수 있다.
보통 사계절을 관찰하고 1년 뒤에 동물 몸에서
추적기가 떨어져 나가도록 설정한다.
현재, 동물들이 불편하지 않도록
좀 더 간편한 추적기를 개발하고 있다.

위치 추적기는 여러 개의 인공위성이 보낸 신호를 계산해 실시간으로 동물들의 위치를 치료소로 전송한다.

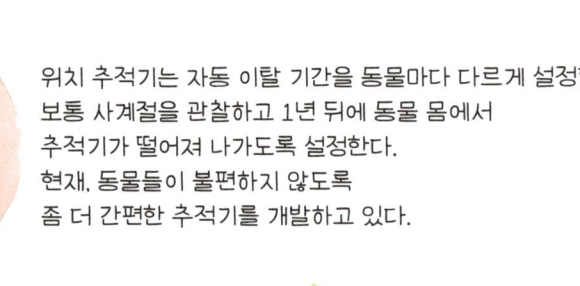

인식칩도 삽입해야 한다.
쌀알보다 작은 인식칩을 피부 속에 넣으면 방생한 동물이 다시 구조됐을 때 고유 번호를 인식해 치료 기록을 파악할 수 있다.

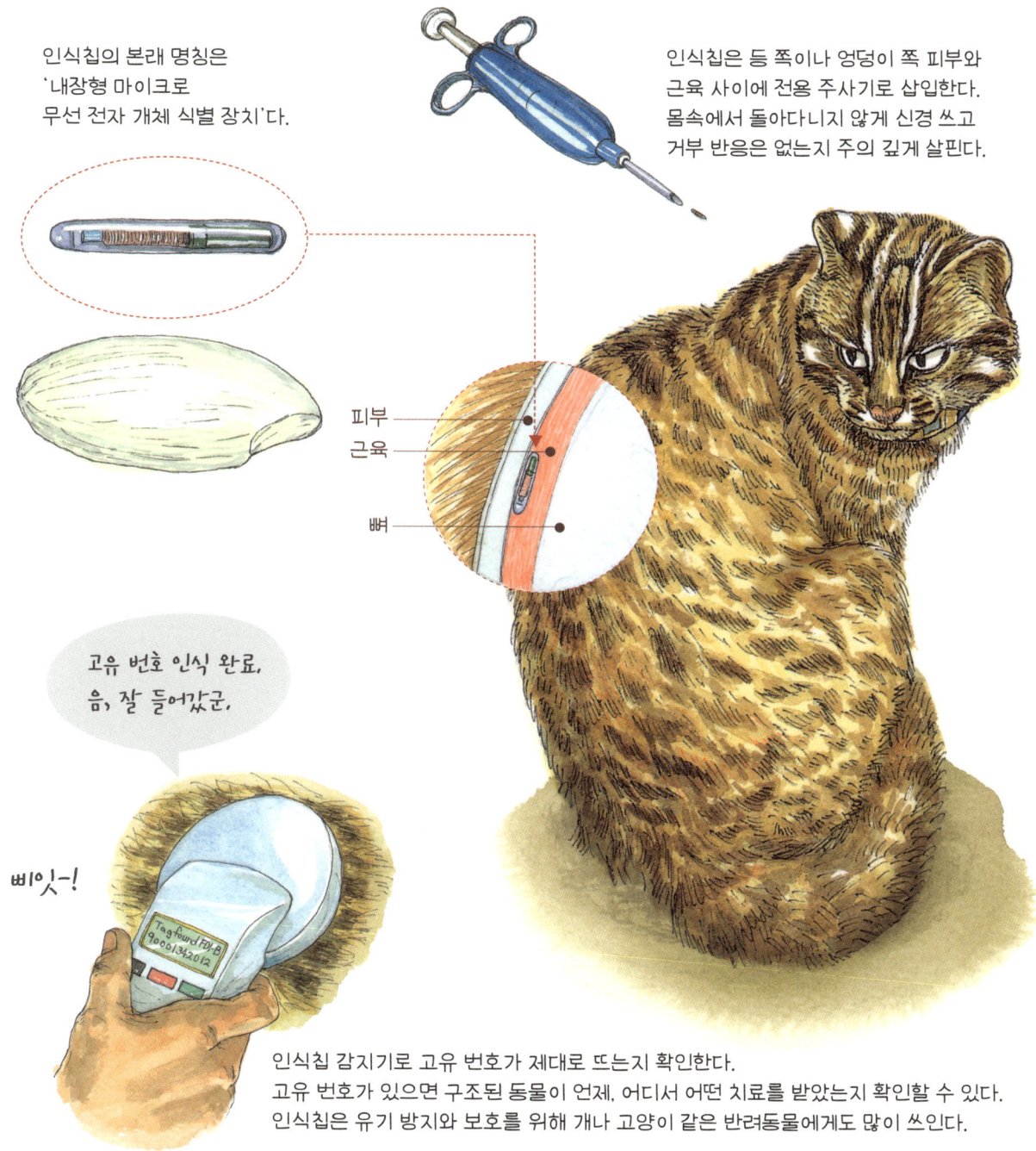

인식칩의 본래 명칭은 '내장형 마이크로 무선 전자 개체 식별 장치'다.

인식칩은 등 쪽이나 엉덩이 쪽 피부와 근육 사이에 전용 주사기로 삽입한다. 몸속에서 돌아다니지 않게 신경 쓰고 거부 반응은 없는지 주의 깊게 살핀다.

피부
근육
뼈

고유 번호 인식 완료. 음, 잘 들어갔군.

삐잇-!

인식칩 감지기로 고유 번호가 제대로 뜨는지 확인한다.
고유 번호가 있으면 구조된 동물이 언제, 어디서 어떤 치료를 받았는지 확인할 수 있다.
인식칩은 유기 방지와 보호를 위해 개나 고양이 같은 반려동물에게도 많이 쓰인다.

이제 예방 접종과 건강 검진만 하면 방생 준비는 끝이다.

무사히 훈련을 마친 동물들을 야생으로 돌려보냈다.

똥통에 빠졌던 수리부엉이도,

공사장에서 구조된 새끼 다람쥐도,

어미 잃은 새끼 멧돼지도,

죽은 어미의 젖을 빨던 새끼 족제비도 떠나갔다.

하지만 야생에서 적응하지 못하고 되돌아오거나
끝내 이곳에서 세상을 떠나는 녀석들이 더 많다.

구조된 동물들이 다시 야생으로 돌아가는 경우는
10마리 중 2~3마리도 채 안 된다.
어미 잃은 새끼들을 야생으로 돌려보내는 일은 더더욱 어렵다.

10월 31일, 방생 전날 밤

삵 형제와 마지막 밤이다.
모든 방생 준비를 끝마쳤다.
녀석들은 아무것도 모른 채
쌔근쌔근 자고 있다.

한 달 동안 이동 상자에서 지냈고, 차로 이동하는 연습도 여러 번 했다.
이제 내일이면 진짜 보금자리로 돌아간다.

11월 1일

날이 밝았다.
두 녀석을 이동 상자에 실어
넓은 들판으로 향했다.
들판 한가운데 이동 상자를 놓고
조심스럽게 문을 열었다.

잔뜩 긴장한 듯……

조심스레 한 발 한 발……

드디어 밖으로 나왔다!

그때!
녀석들이 잽싸게 들판을 가로지르며 내달렸다.
그 모습이 점… 점… 멀어져 갔다.

1월 4일

겨울날, 수호 샘과 눈 덮인 들판을 다시 찾았다.
곳곳에 삵 발자국이 찍혀 있었다.
먼발치에서 삵 두 마리가 보였다.
혹시… 너희니?

이곳만이라도 사람 발길이 닿지 않는
그들만의 땅이 되길!

강원도 철원군 야생동물치료소(철원군야생조수류보호사)는
관광지 개발 계획으로 인해 기능이 축소되어 2016년 작은 곳으로 이사했습니다.
이곳에서 치료를 받던 야생동물들은 뿔뿔이 흩어지고 생사 확인조차 어려워졌지요.
지금도 차가운 도로에서 애타게 구조를 기다리는 동물들을 떠올리면 가슴이 아파 옵니다.
언제쯤……우리는 그들의 땅을 되돌려 줄 수 있을까요?
부족한 이 책이 그들의 좁은 숨통을 틔우는 실낱같은 희망이 되길 간절히 바라 봅니다.
_최협

잠깐, 새끼 야생동물을 발견했다고요?

— Yes
----- No

새끼 동물이 다쳤거나 아픈가요?
- 몸을 덜덜 떠나요?
- 다른 동물에게 공격을 당했나요?
- 피가 나거나 토하나요?

No →

주변에 둥지나 굴이 있나요?
- 둥지나 굴이 온전한가요?

새끼를 둥지나 굴에 그대로 두세요.

임시 둥지를 만들어 주세요.
- 작은 상자나 바구니에 넣어 발견한 곳에 가만히 둡니다.

충분한 시간 동안 어미가 오는지 지켜보세요.
- 어미는 사람이 있으면 오지 않기 때문에 반드시 숨어서 지켜보세요.

어미가 돌아왔나요?

새끼 동물을 그대로 두세요. 새끼 동물은 안전합니다.

Yes →

야생동물구조센터에 연락하세요. 구조센터 연락처를 알고 있나요?

아래에 있는 '전국 야생동물 구조 신고'를 참고하세요.

연락이 안 된다면, '새끼 동물 구조 시 반드시 알아 둘 10가지!'(43쪽)를 참고하세요.

※ **구조하기 전에 꼭 살펴보세요**
새끼가 다치지 않았다면 엄마, 아빠 동물이 안 보여도 무조건 데려오지 말고 하루 동안 그대로 두는 게 좋아요. 특히 보금자리 잃은 새끼 삵과 너구리는 밤에 어미가 새끼를 데려가기도 하고, 은신처가 따로 없는 고라니는 밤에만 새끼를 돌보는 특성이 있답니다.

전국 야생동물 구조 신고

강원
강원야생동물구조관리센터
(033)250-7504

경북
경북야생동물구조관리센터
(054)840-8250

전북
전북야생동물구조관리센터
전주 (063)270-3774
익산 (063)850-0983

제주
제주야생동물주요관리센터
(064)752-9982

충북
충북야생동물구조관리센터
(043)216-3328

부산
부산야생동물치료센터
(051)209-2090~3

경기
경기야생동물구조관리센터
(031)8008-6212

경남
경남야생동물구조관리센터
(055)754-9575

전남
전남야생동물구조관리센터
(061)749-4800

충남
충남야생동물구조센터
(041)334-1666

대전
대전야생동물구조센터
(042)821-7930~7931

울산
울산야생동물구조관리센터
(052)256-5322~5323

새끼 동물 구조 시 반드시 알아 둘 10가지!

다치거나 어미를 잃은 새끼 동물을 발견했다면, 곧바로 구조센터에 신고합니다.
구조센터에 연락이 안 된다면, 체온이 떨어지지 않도록 몸을 따뜻하게 하고 안정을 시킨 뒤,
아래 10가지 내용을 차근차근 떠올리면서 구조를 시도합니다.

1. 이동 상자를 준비한다
종이 상자나 개, 고양이 등 반려동물용 이동장이 좋다.
바닥에 깨끗하고 부드러운 천을 깐다.
구멍이 따로 없다면 숨 쉴 구멍을 뚫어 준다.
작은 새라면 구멍이 있는 작은 상자에 화장지를 깔고 넣어 둔다.

2. 구조할 동물, 나 자신을 함께 보호한다
동물들한테 가까이 다가가면 극도로 긴장해서 물거나 할퀼 수 있으니 서로가 다치지 않게 조심한다.
동물 몸에 사는 벼룩, 이, 진드기에 물리지 않도록 각별히 신경 쓰고 만질 땐 반드시 장갑을 낀다.

3. 안정을 취하도록 눈을 가리거나 빛이 들지 않게 한다
얇은 천이나 수건으로 새끼 동물들의 눈을 가려 안정을 시킨 뒤, 천으로 몸을 감싸 이동 상자 안에 조심조심 넣는다.
또한 이동 상자 뚜껑을 덮어 빛이 들지 않게 한다.

4. 체온 유지에 힘쓴다
이동 상자 한 쪽에 온열 매트를 깔거나 온열 등을 비춰 준다.
장비가 없다면, 지퍼백, 플라스틱 병, 고무장갑에 뜨거운 물을 채워 천으로 감싼 다음, 새끼 동물 옆에 둔다.
단, 물이 새고 있지 않은지 꼭 확인한다.

5. 무리하게 잡거나 바로 다가가지 않는다
그물, 덫, 올무에 걸린 동물에게 다가가면, 동물이 놀라 발버둥 치다가 상처가 더 깊어지거나 목에 줄이 감길 수 있다.
그러니 다친 부위를 발견해도 적당한 거리를 유지하는 게 좋다.

6. 언제, 어디서, 어떻게 발견했는지 정확하고 구체적으로 기록한다
발견 장소는 구조한 동물을 다시 자연으로 돌려보낼 때 가장 중요한 단서이다.

7. 먹이나 물을 함부로 주지 않는다
단, 구조가 하루 이상 늦어진다면, 작고 낮은 그릇에 물만 조금 준다.
동물이 물에 빠지거나 물이 흘러 젖지 않도록 주의한다.

8. 집으로 구조했다면, 장난치거나 만지지 말고 최대한 혼자 둔다
야생동물은 집에서 기르는 반려동물과 달리 사람을 극도로 경계하기 때문이다.
또한 반려동물이 야생동물 근처에 접근하지 못하게 한다.

9. 실내에 풀어 놓지 않으며 동물과 접촉하고 나면 손과 발을 깨끗하게 씻는다
수건, 옷, 이불, 이동장 등 야생동물과 접촉한 물건은 소독하여 질병 및 기생충 감염을 예방한다.

10. 야생동물을 오랫동안 보호하지 않는다
야생동물을 허가받지 않은 시설에서 키우는 것은 불법이다.
또한 사람을 어미로 여기면 야생으로 돌려보낼 수 없고, 경우에 따라서는 사람을 공격할 수도 있다.

야생동물 구조 일기 최협 글·그림

1판 1쇄 펴낸날 2016년 12월 30일 | **1판 5쇄 펴낸날** 2025년 7월 15일
펴낸이 이현성 | **펴낸곳** 길벗어린이㈜ | **등록번호** 제10-1227호 | **등록일자** 1995년 11월 6일
주소 03986 서울시 마포구 월드컵북로8길 25, 3F | **대표전화** 02-6353-3700 | **팩스** 02-6353-3702 | **홈페이지** www.gilbutkid.co.kr
편집 송지현 서진원 임하나 황설경 박소현 김지원 | **디자인** 김연수 송윤정 | **마케팅** 호종민 여하연 오은희 최윤경 김연서 강경선
경영지원본부 김혜윤 전예은 | **제조국명** 대한민국 | **ISBN** 978-89-5582-379-0 77490

글·그림 ⓒ 최협 2016
이 책은 저작권법에 따라 보호받는 저작물이므로, 저작권자와 길벗어린이㈜의 허락 없이는 이 책의 내용을 쓸 수 없습니다.

한국출판문화산업진흥원 2016년 우수출판콘텐츠 제작 지원 사업 선정작입니다.

고맙습니다
이 책이 나오기까지 큰 도움 주신 김수호 선생님께 마음 깊이 감사드립니다.
서포터스 식구들과 동물들의 생김새 하나하나 일러 주신 최현명 선생님께도 감사드립니다.